AF258445

Die Welt ausmalen 3:
Das Malbuch für Erwachsene mit Fernweh

Komplette Entspannung und Stressabbau durch das Bemalen von zauberhaften Motiven exotischer Orte

Erste Auflage

Kreative Malfabrik

ANLEITUNG

Reisen Sie und verleihen Sie der Welt Farbe, während Sie gemütlich in Ihrem Wohnzimmer entspannen.

Die Arbeit und täglichen Herausforderungen können sehr stressreich sein. Oft sehnt man sich nach dem nächsten Urlaub. Mit diesem neuen Malbuch erleben Sie spannende Reisen wann immer Sie möchten - ganz gemütlich von Ihrem Zuhause aus.

In dieser Ausgabe verleihen Sie berühmten Sehenswürdigkeiten und Tieren von den beliebtesten Reisezielen und exotischen Ländern Farbe.

Denn dieses Malbuch ist besonders für Reiseliebhaber gestaltet. Sie entdecken spannende neue Orte, während Sie zuhause malen.

Jedes Motiv wird von informativen Texten begleitet, so erfahren Sie Wissenswertes über die Hintergründe der Sehenswürdigkeiten, Länder und Tiere.

Das Malbuch enthält insgesamt 24 Malvorlagen von spannenden Orten aus 12 verschiedenen Ländern. Es sind teilweise komplexe Motive der wichtigsten Sehenswürdigkeiten oder Tiere typisch für das jeweilige Reiseziel.

INHALTSVERZEICHNIS

1. THAILAND

Thailand ist eine konstitutionelle Monarchie in Südostasien, die sich aufgrund ihrer zahlreichen feinen Sandstrände mit vorgelagerten Korallenriffen als beliebte Destination für Sonnenanbeter und Schnorchler auszeichnet. Einen besonderen Einfluss hat die thailändische Küche. Sie gilt als sehr würzig und schmackhaft. In der Hauptstadt Bangkok sind über 400 buddhistische Tempelanlagen zu finden.

1.1 Damnoen Saduak Schwimmender Markt

Die Khlongs - Kanäle, in denen heute der Schwimmende Markt Damnoen Saduak zu finden ist - dienten zum Transport, als das Straßennetz in Thailand noch nicht ausgebaut war. Agrarprodukte wie Obst und Gemüse, fangfrischer Fisch und Fleisch werden per Boot geliefert und hauptsächlich von Frauen noch an Ort und Stelle verkauft.

1.2 Elefant

Seit über 4.000 Jahren besteht zwischen dem Asiatischen Elefanten und den Thais eine besondere, von Respekt und Liebe geprägte Bindung. Mit ihm wurde früher durch den Dschungel gereist und er gilt heute noch als Symbol für Stärke. Auch beim thailändischen Königshaus ist der Elefant nach dem Vorbild von Siams großen Königen äußerst angesehen.

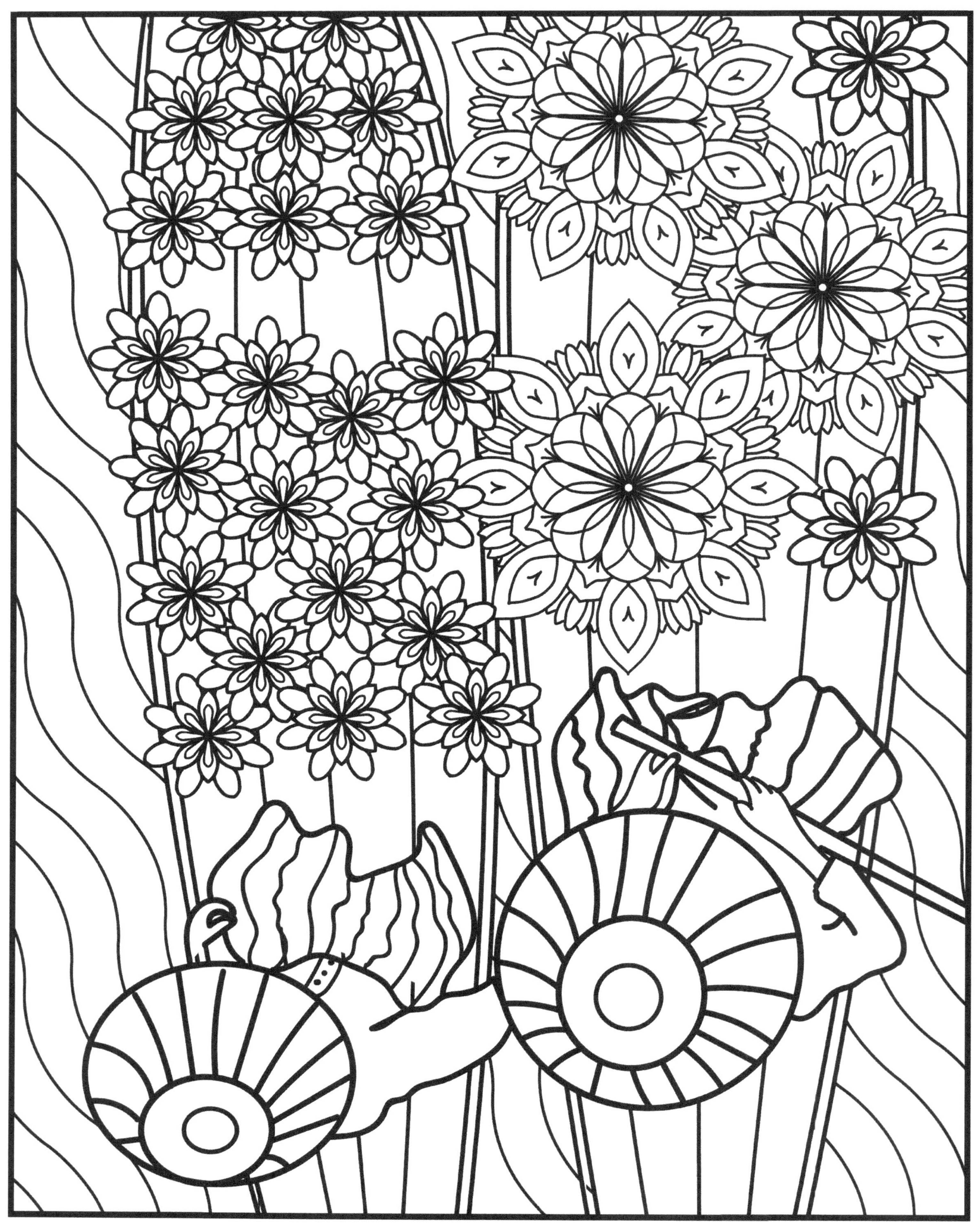

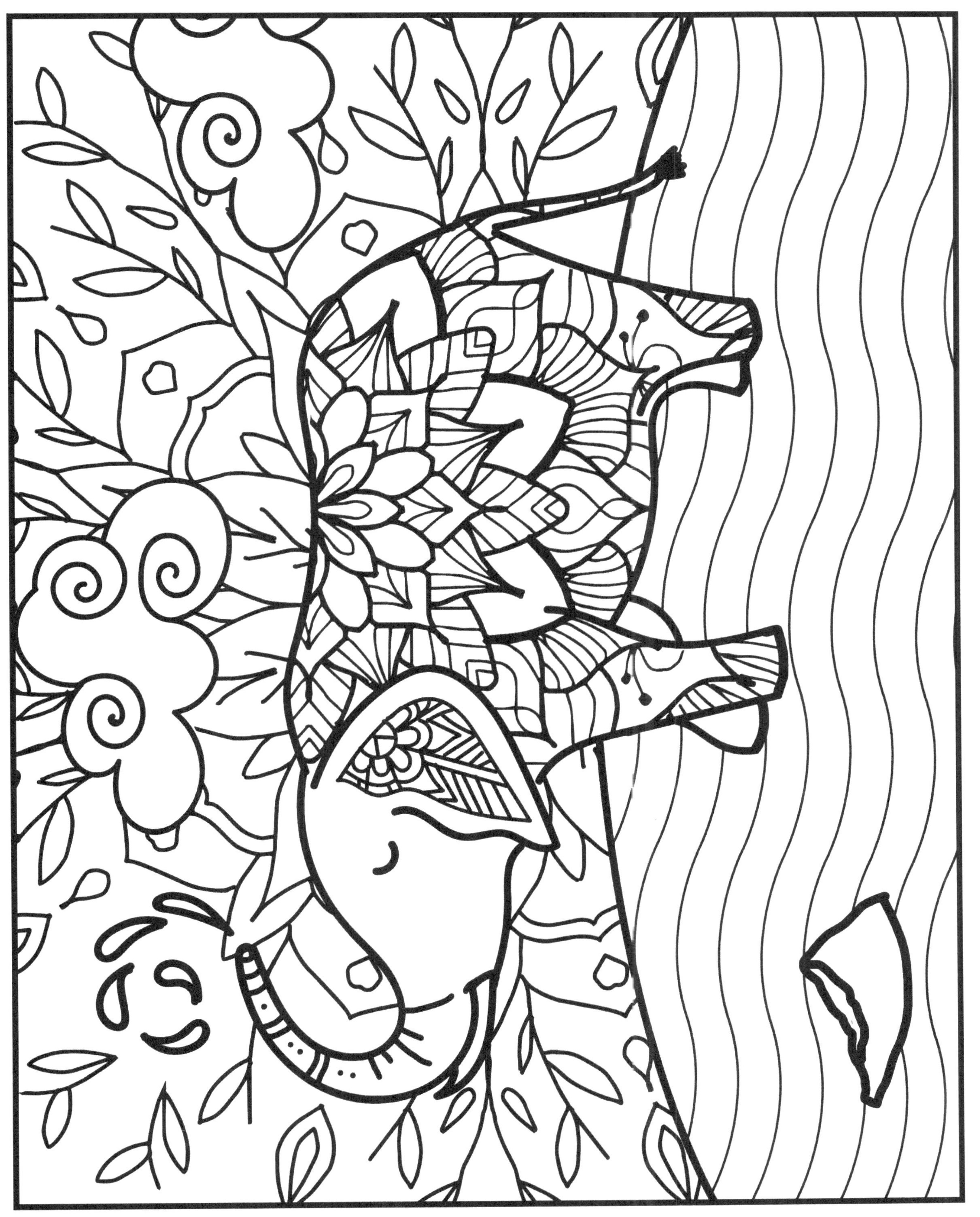

2. SÜDKOREA

Auf einer Halbinsel in Ostasien befindet sich die Republik Korea. Ihre Küste rahmt drei Meere: östlich das Japanische Meer, südlich das Ostchinesische Meer und westlich das Gelbe Meer. Durch eine Grenze ist Südkorea von der Demokratischen Volksrepublik Korea losgelöst und hat sich zu einem boomenden Industrieland mit hohem High-Tech-Entwicklungspotenzial gewandelt.

2.1   Changdeokgung-Palast

Der sogenannte „Palast der glänzenden Tugend" ist einer von fünf Königspalästen, die sich in Seoul, der Hauptstadt Südkoreas, befinden. Ihm angeschlossen ist der Geheime Garten, der gemeinsam mit dem Palast nach der Feng-Shui-Lehre harmonisch ausgerichtet ist. Der zum UNESCO-Weltkulturerbe gehörende Palast stammt aus der berühmten Joseon-Dynastie.

2.2   Sibirischer Tiger

Die Tiger-Gattung ist das größte auf dem Land lebende Raubtier der Welt und gilt als hervorragender Schwimmer. Sie ist auch als Armurtiger bekannt und lebt in Regionen, die sehr kalt und schneereich sein können. Der „Herrscher der Taiga" wird häufig von Wilderern gejagt und steht auf der Roten Liste der bedrohten Arten.

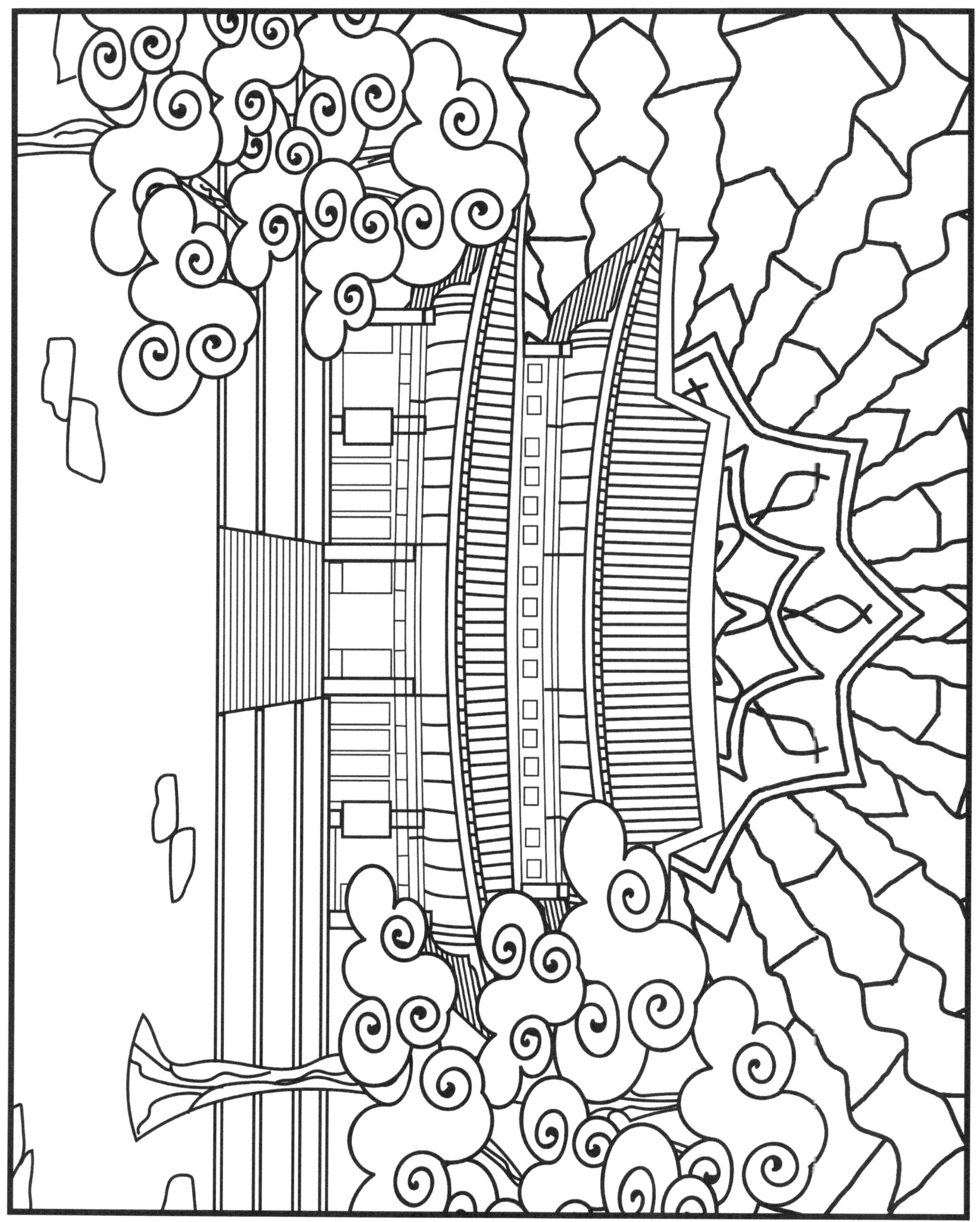

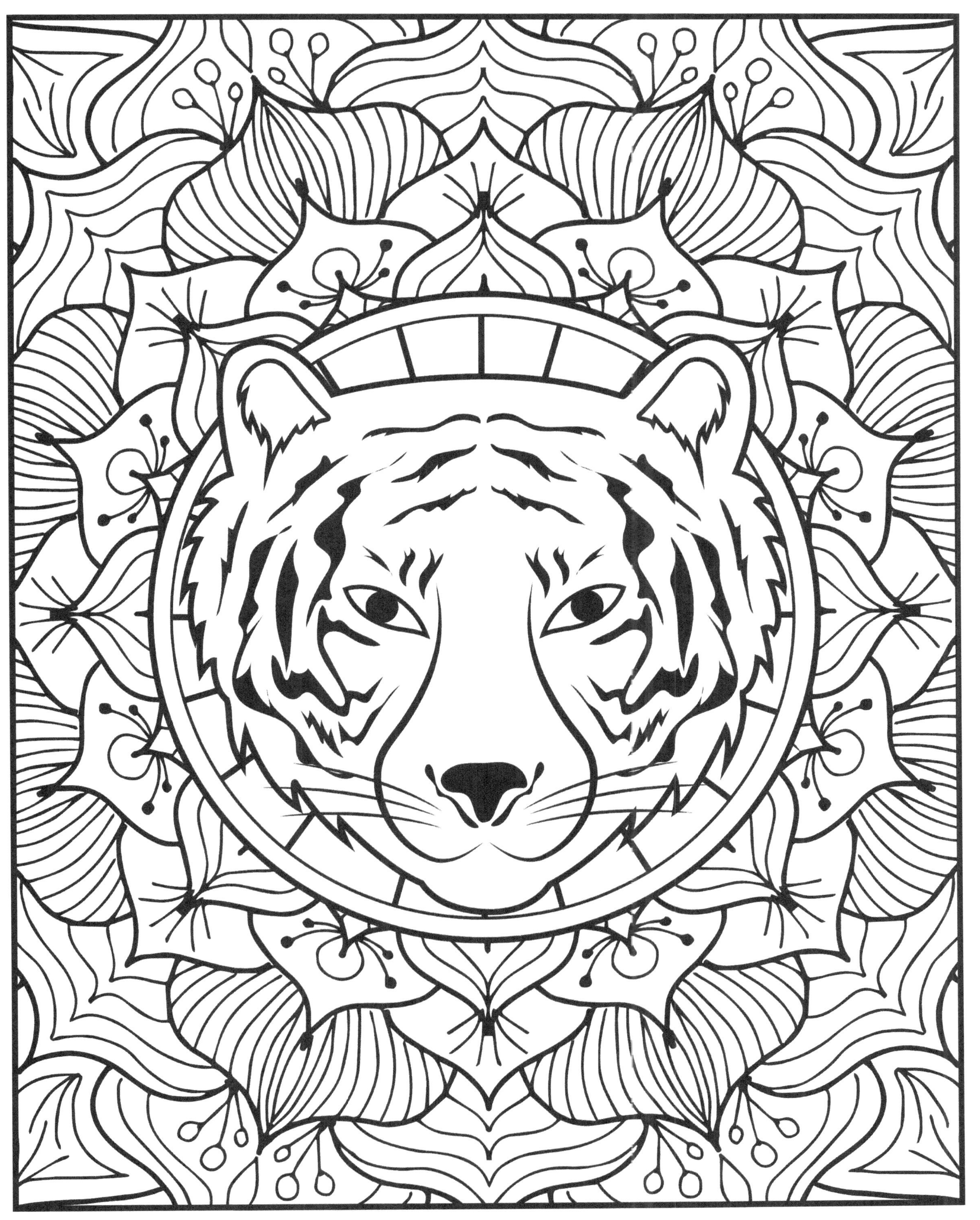

3. BAHAMAS

Das im Atlantik gelegene Inselparadies besteht aus 700 Inseln und gehört zu Mittelamerika. Auf den Bahamas erwartet Reisende viel unberührte Natur, da lediglich etwa 30 % der Inseln bevölkert sind. Der Lebensmittelpunkt vieler Einheimischer ist die Hauptstadt Nassau. Für das ehemalige Blackbeard-Piraten-Versteck ist Musik ein bedeutender Teil des Lebens.

3.1 Nassau

Als Hauptstadt der Bahamas ist Nassau der Sitz des Parlaments, ein beliebter Ort beim internationalen Jetset und Ausgangspunkt für nahezu alle Touristen. Hier befinden sich viele luxuriöse Hotelkomplexe. Die Prince George Wharf im Hafen zwischen der vorgelagerten Insel Paradise Island sowie Nassau selbst wird regelmäßig von den gigantischen Ocean Linern angesteuert.

3.2 Flamingo

Was für viele Menschen unvorstellbar ist, kann der Flamingo mit links: Er schläft auf nur einem Bein und steckt dabei den Kopf in sein Gefieder. Es wird davon ausgegangen, dass er Energie einspart, wenn nur ein Beinchen im kalten Wasser steht. Die charakteristische Roséfarbe resultiert aus der Flamingo-Nahrung: Farbpigmenten von Krebstieren.

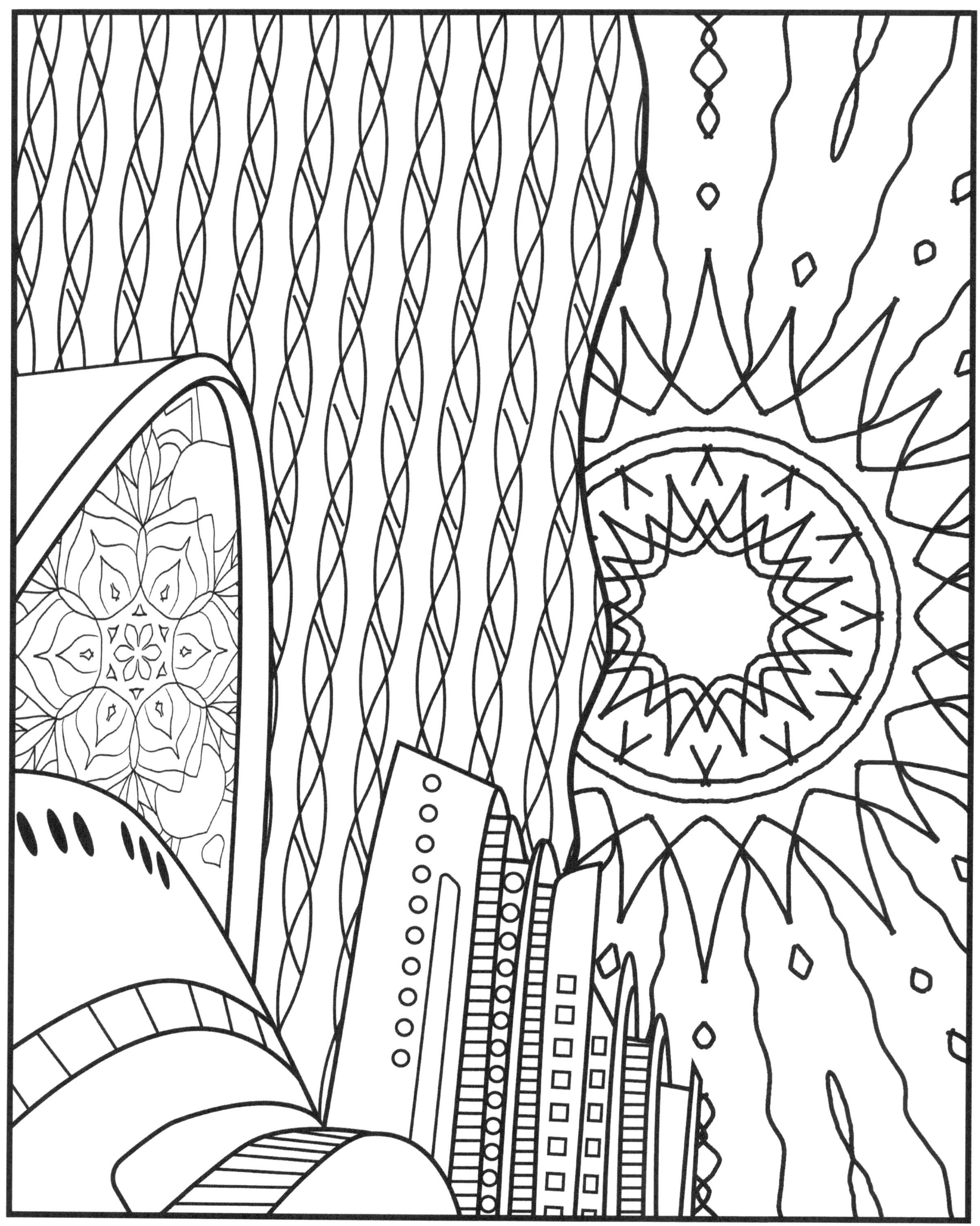

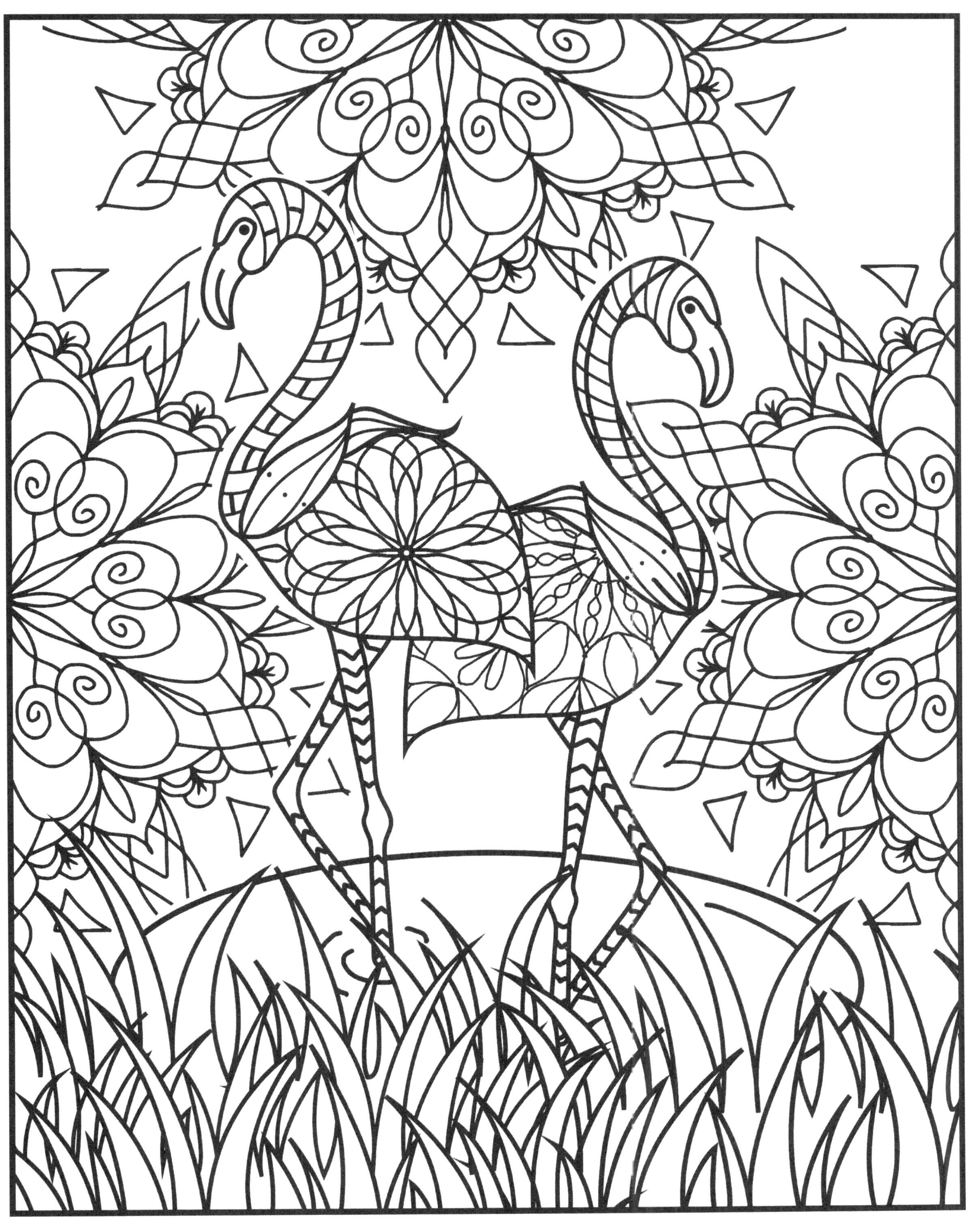

4. ARGENTINIEN

Argentinien teilt sich die längste Gebirgskette der Erde - die Anden - mit Chile und bietet zwischen Trockensavanne und Hügelland beeindruckende Landschaften. Zum zweitgrößten Land Südamerikas gehören die Falkland-Inseln, Teile von Feuerland und der Antarktis sowie Inseln des Südatlantiks. Zahlreiche Gauchos prägen das Bild der Naturkulisse. Sie leben noch heute in der argentinischen Pampa.

4.1   La Boca von Buenos Aires

Die Hauptstadt Argentiniens setzt sich aus 48 Bezirken zusammen, von denen La Boca der bekannteste ist. In den bunten, aus Schiffsblech gebauten Häusern spiegelt sich die Lebensfreude der Argentinier und das „La Bonbonera" Stadion ist der Wirkungsort des legendären Fußballers Diego Maradona. La Boca gilt als Geburtsstätte des Argentinischen Tangos.

4.2   Rosttöpfer

Zur südamerikanischen Familie der Töpfervögel gehört der auch Lehmhans genannte Rosttöpfer. Er lebt in Sumpflandschaften und offenem Gelände und bezaubert mit seinem hell klingenden, melodischen Gesang. Der scheue Vogel ist tagaktiv, lebt in Dauerehen und ernährt sich hauptsächlich von Insekten und Würmern. In den letzten Wochen des Winters beginnt seine Brutzeit.

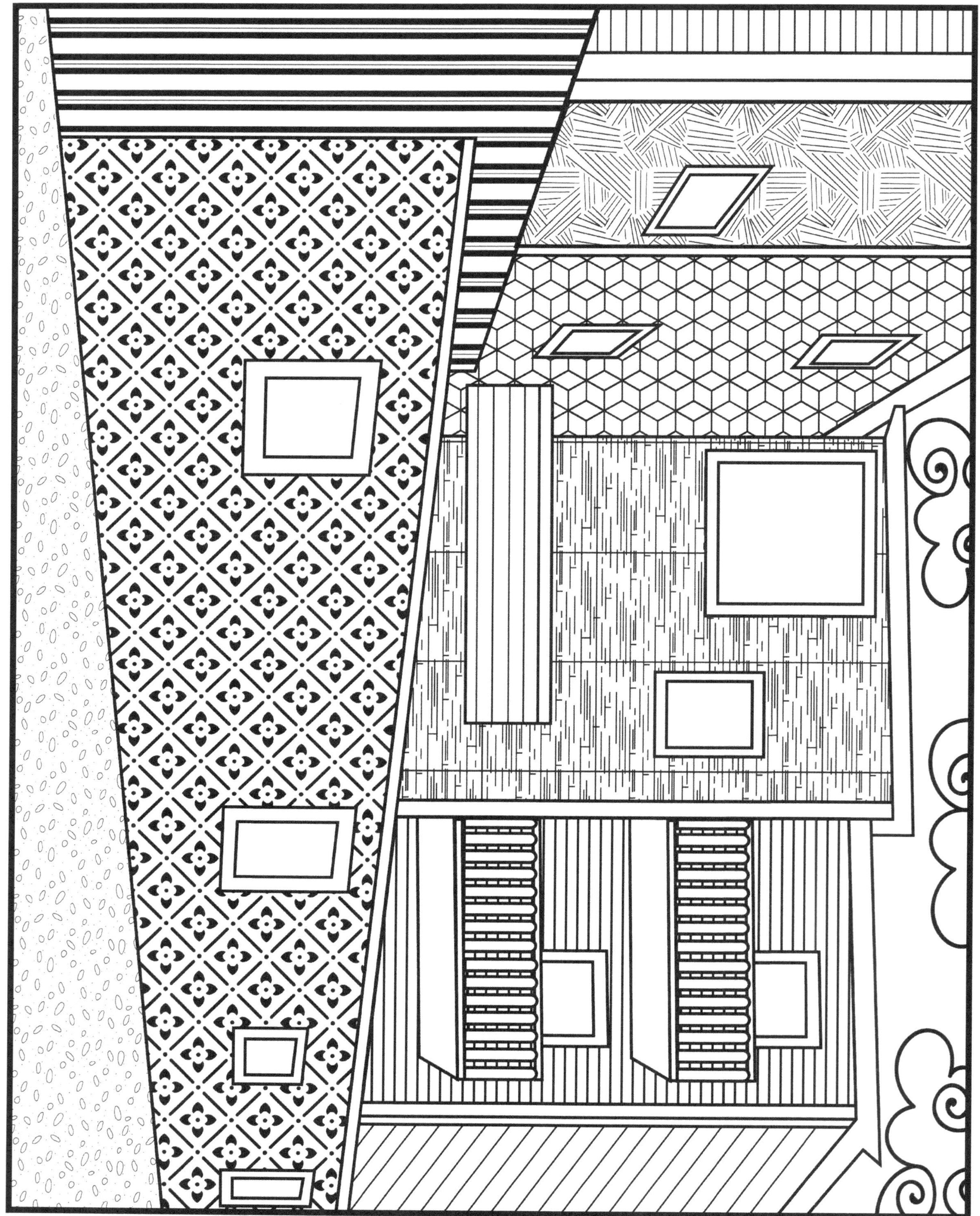

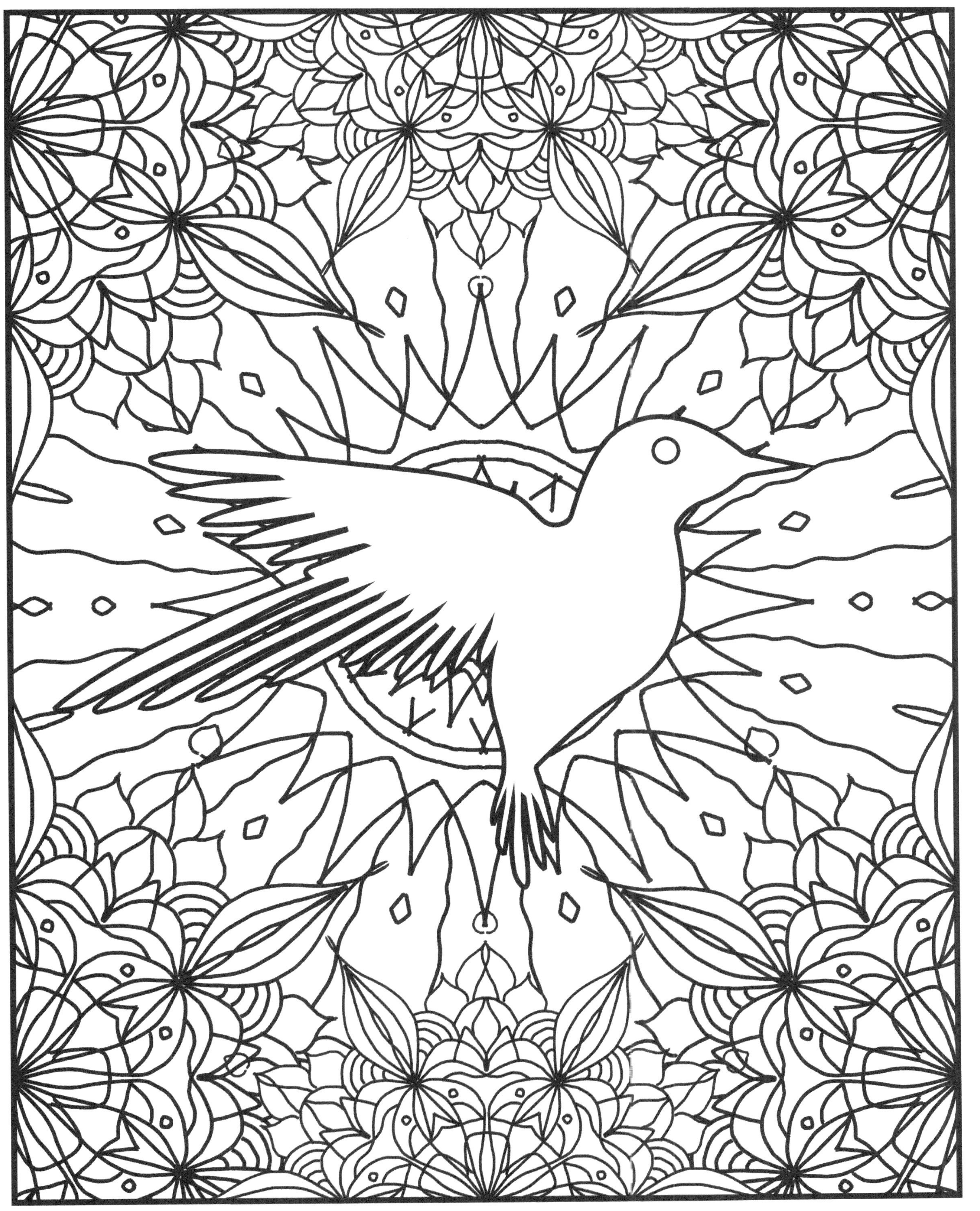

5. NIEDERLANDE

Charakteristisch für das Königreich an der Nordsee sind seine flachen Landstriche, die in weiten Teilen lediglich knapp einen Meter über dem Meeresspiegel liegen Zahlreiche Deiche schützen daher vor den Fluten des Meeres. Typisch für die Niederlande sind der Gouda-Käse sowie Klompen - traditionelle Holzschuhe. Blumenliebhaber erfreuen sich an den Tulpen vom Keukenhof.

5.1 Jordaan von Amsterdam

Das schönste Viertel von Amsterdam ist hip und scheint wie für Lebenskünstler gemacht. In ausgefallenen Lokalen lässt es sich hervorragend schlemmen und Boutiquen laden zu einem ausgedehnten Einkaufsbummel ein. Subkulturell sind auch die vielen Galerien, die dem Auge des Betrachters zeitgenössische Kunstwerke gönnen. Die Museen von Jordaan bieten eine Reise durch die Hausboot- und Käse-Historie.

5.2 Löwe

Er ist der König der Tiere und - sofern es sich um einen männlichen Löwen handelt - an seiner wuscheligen Mähne zu erkennen. Diese dient zum Schutz des Nackens vor Bissverletzungen durch Rivalen. Bemerkenswert ist, dass er aus dem Stand mehr als 60 km/h erreichen und schnellere Tiere wie Gazellen erbeuten kann.

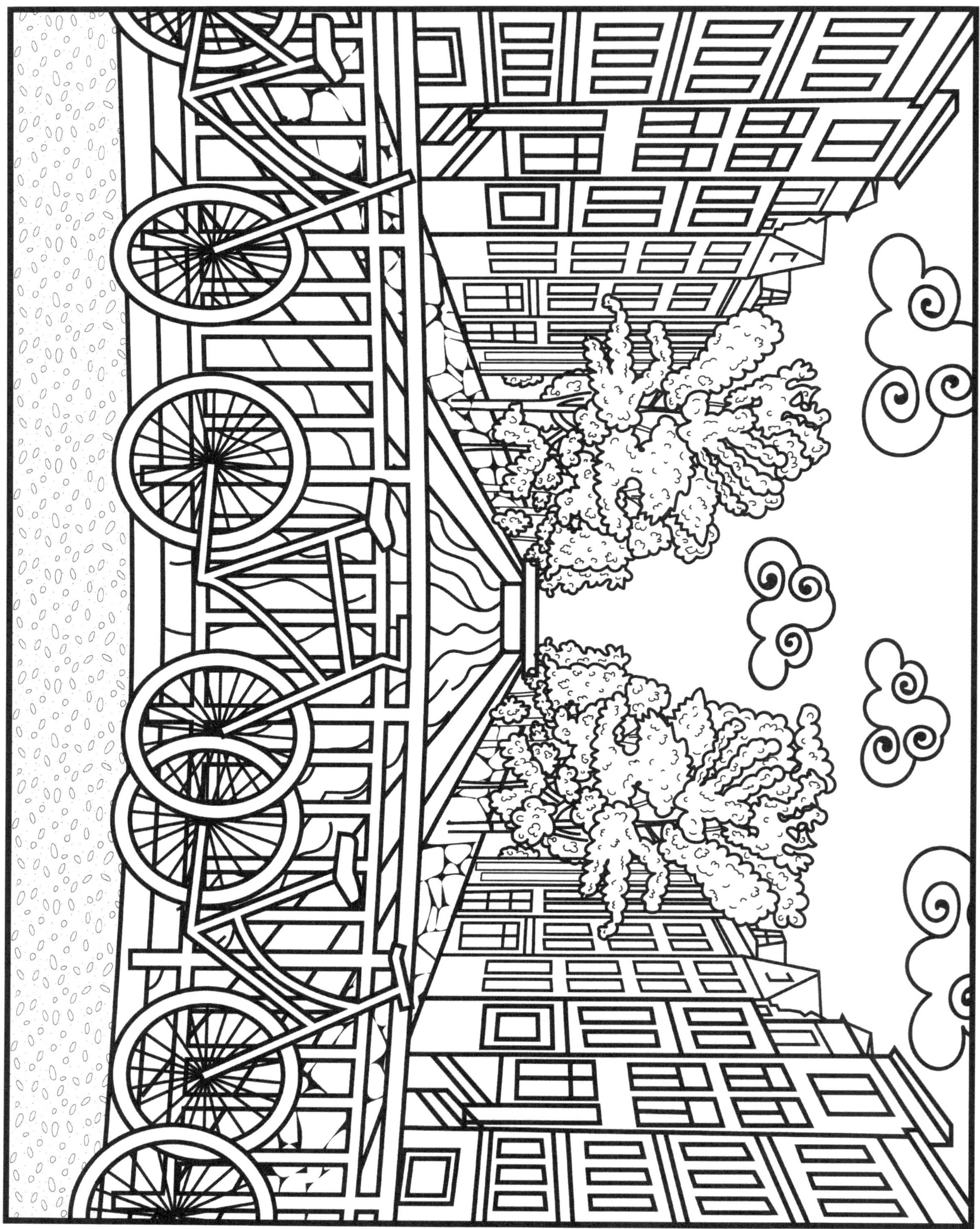

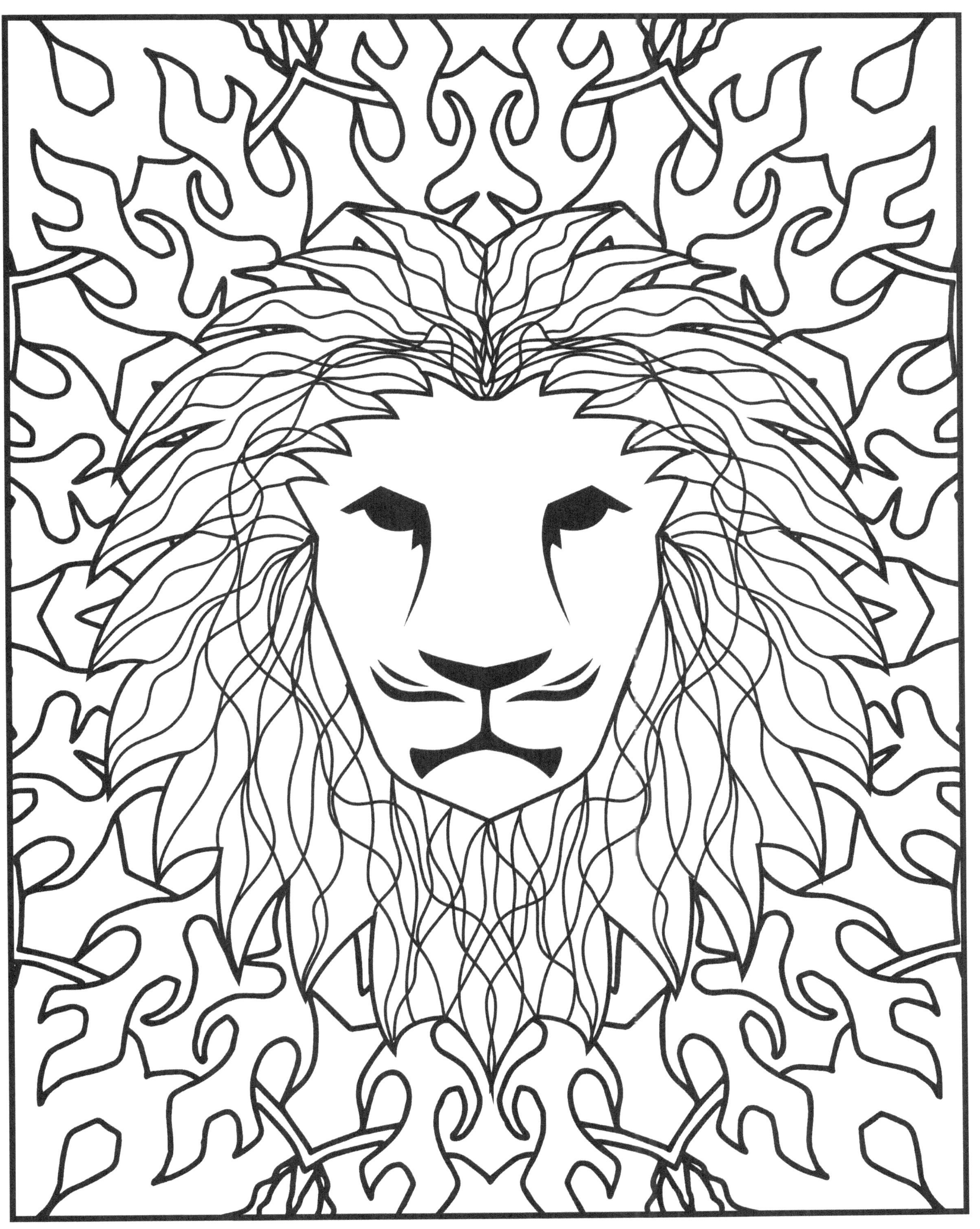

6. BELGIEN

Zwei Völkchen leben in dem westeuropäischen Königreich an der Nordsee: die Flamen im Norden und die Wallonen im Süden. In der Hauptstadt Brüssel wird ein Großteil der politischen Geschicke Europas durch die Europäische Union geleitet. Fun Fact: Das Land berühmter Maler ist Geburtsort der Pommes frites, die hier oft im Zusammenhang mit Muscheln verspeist werden.

6.1 Großer Platz

Barock schmiegen sich Giebel und Fassaden rund um den Grote Markt in Brüssel. Der Platz aus dem 11. Jahrhundert gilt als einer der schönsten in Europa und wurde gegen Ende des 17. Jahrhunderts vollständig zerstört. Das Rathaus und Stadtmuseum werden abends szenisch illuminiert und zahlreiche Zunfthäuser lassen architektonische Träume wahr werden.

6.2 Luchs

Das ehemals in Asien und Europa verbreitete Raubtier ist an den pinselartigen Ohren zu erkennen. Seine stark dezimierte Population siedelte sich hauptsächlich im Bayerischen Wald, Pfälzerwald und Harz an. Der Luchs ist mit nur 28 Zähnen ausgestattet. Während sein Fell im Winter weiß-grau schimmert, hat es im Sommer einen rötlich-braunen Farbton.

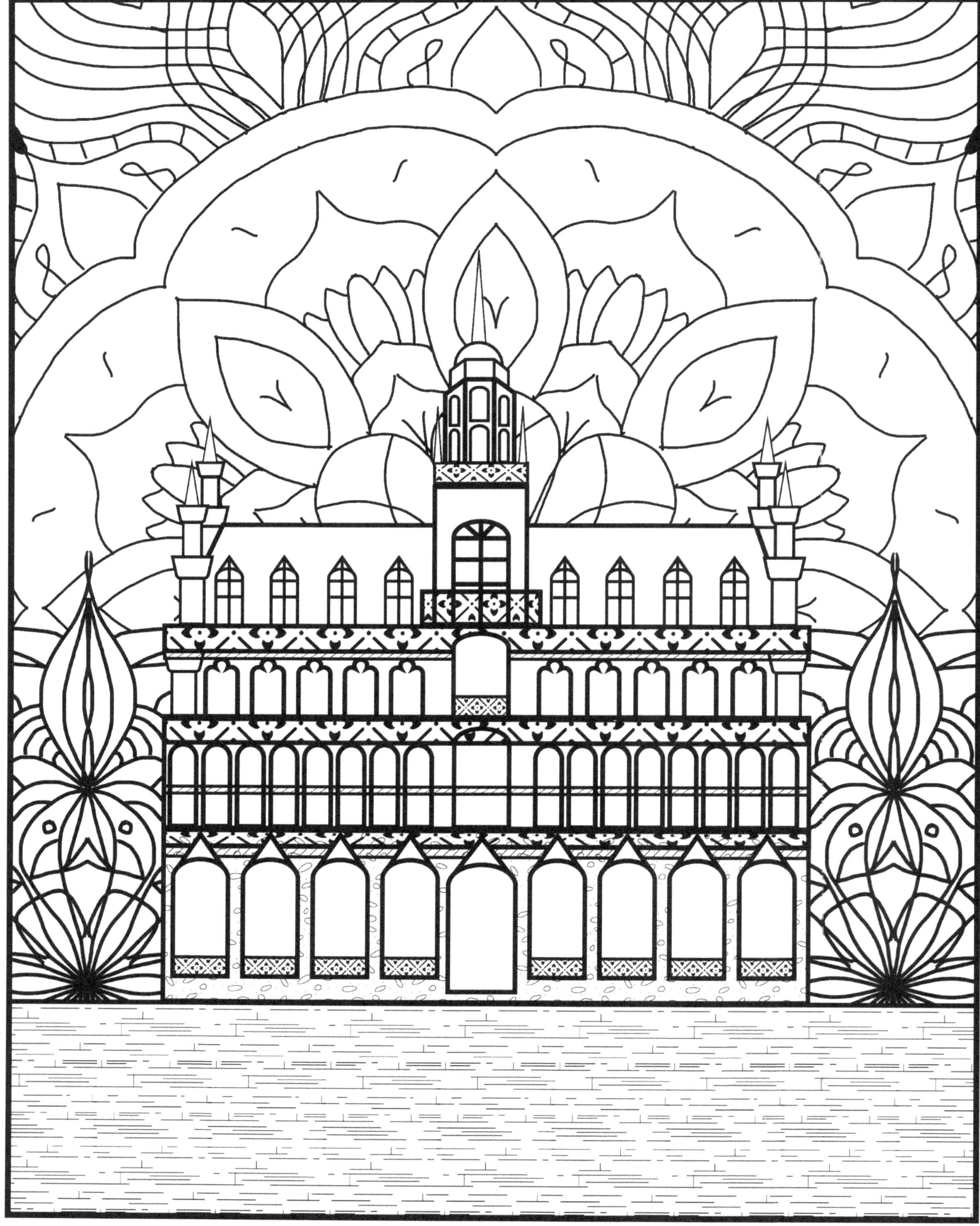

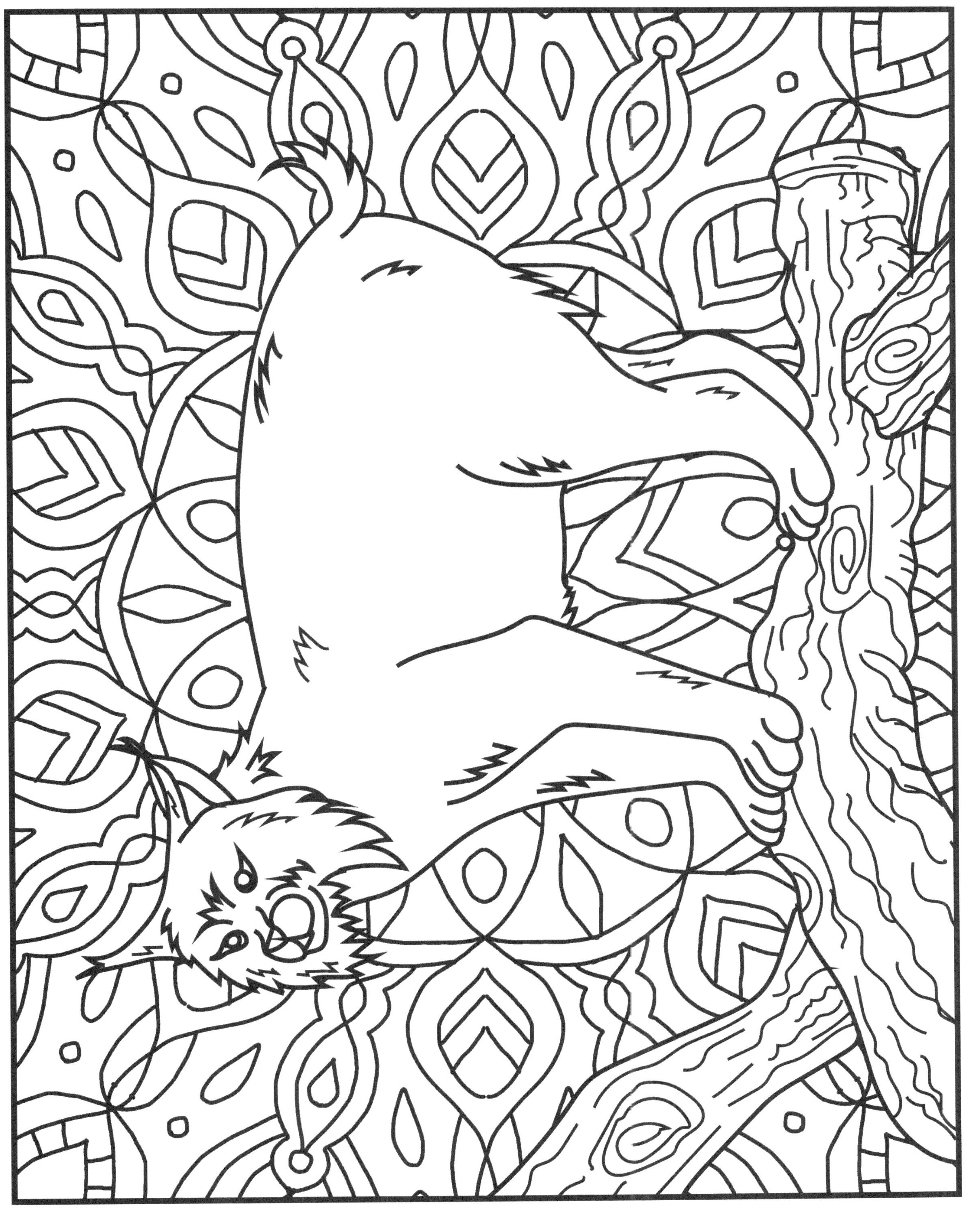

7. ITALIEN

Die Küste des südeuropäischen Landes schmiegt sich in Stiefelform in das Mittelmeer. Das Land der Mode und des Dolce Vitas umfasst zwei Republiken: Vatikanstadt in Rom und San Marino am Rande der Adria. Den Abend unter freiem Himmel verbringen? Für die Italiener ein Muss auf städtischen Piazzen.

7.1 Kolosseum

Bei dem beeindruckenden Bauwerk im Herzen von Rom handelt es sich um das größte Amphitheater weltweit. Es wurde zwischen 72 und 80 n. Chr. errichtet. Einst fanden hier blutige Gladiatorenkämpfe statt, die viele Menschen- und Tierleben forderten. Als eines der 7 Weltwunder der Neuzeit ist es heute der Touristenmagnet No. 1.

7.2 Italienischer Wolf

Bis Mitte des 19. Jahrhunderts war der italienische Wolf in ganz Italien zu finden. Heute ist der wilde Jäger auf der italienischen Halbinsel und partiell in den Französischen Alpen vertreten. Das Raubtier tritt im Rudel auf und steht - wie die Geschichte von Romulus und Remus verrät - symbolisch für Italien.

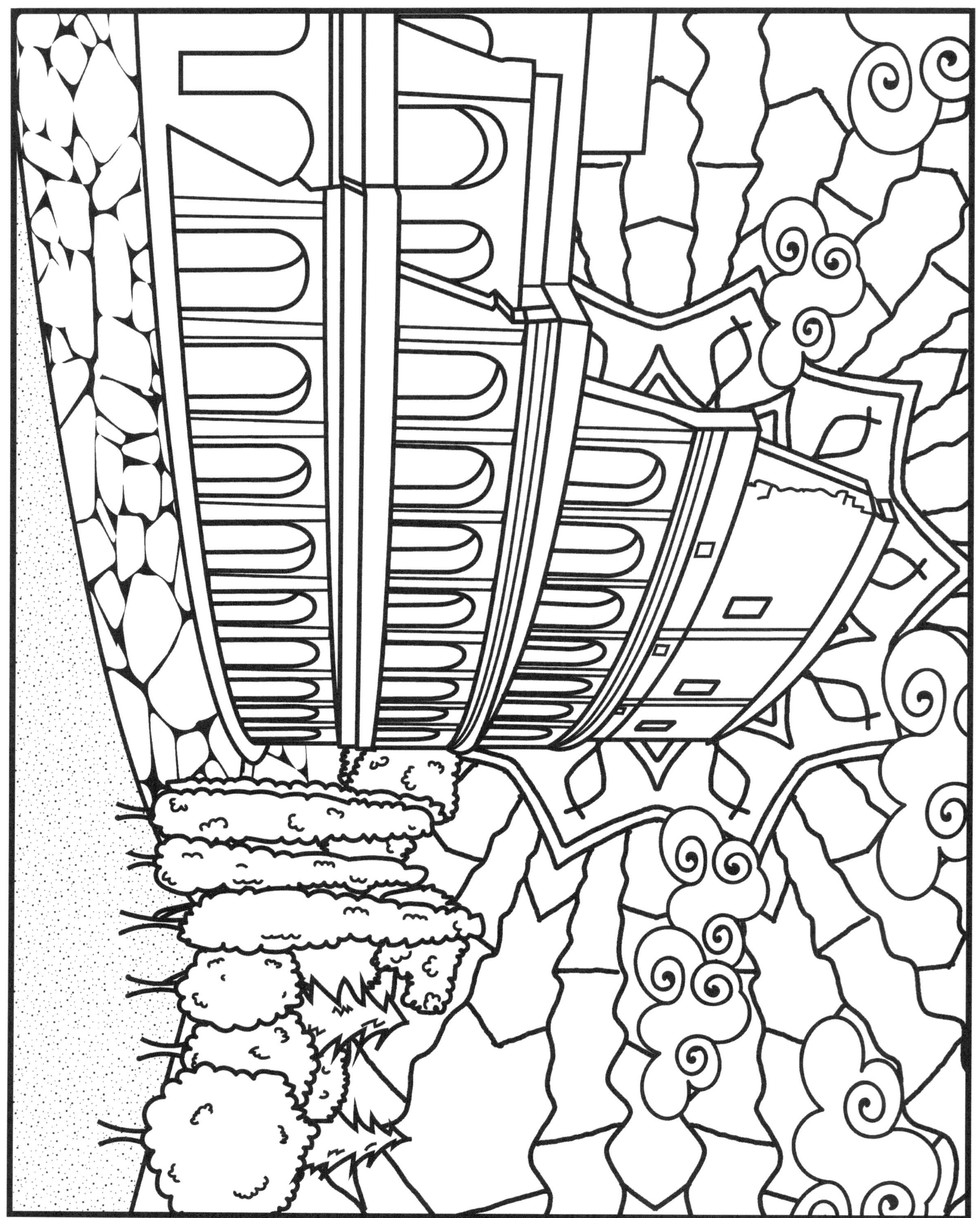

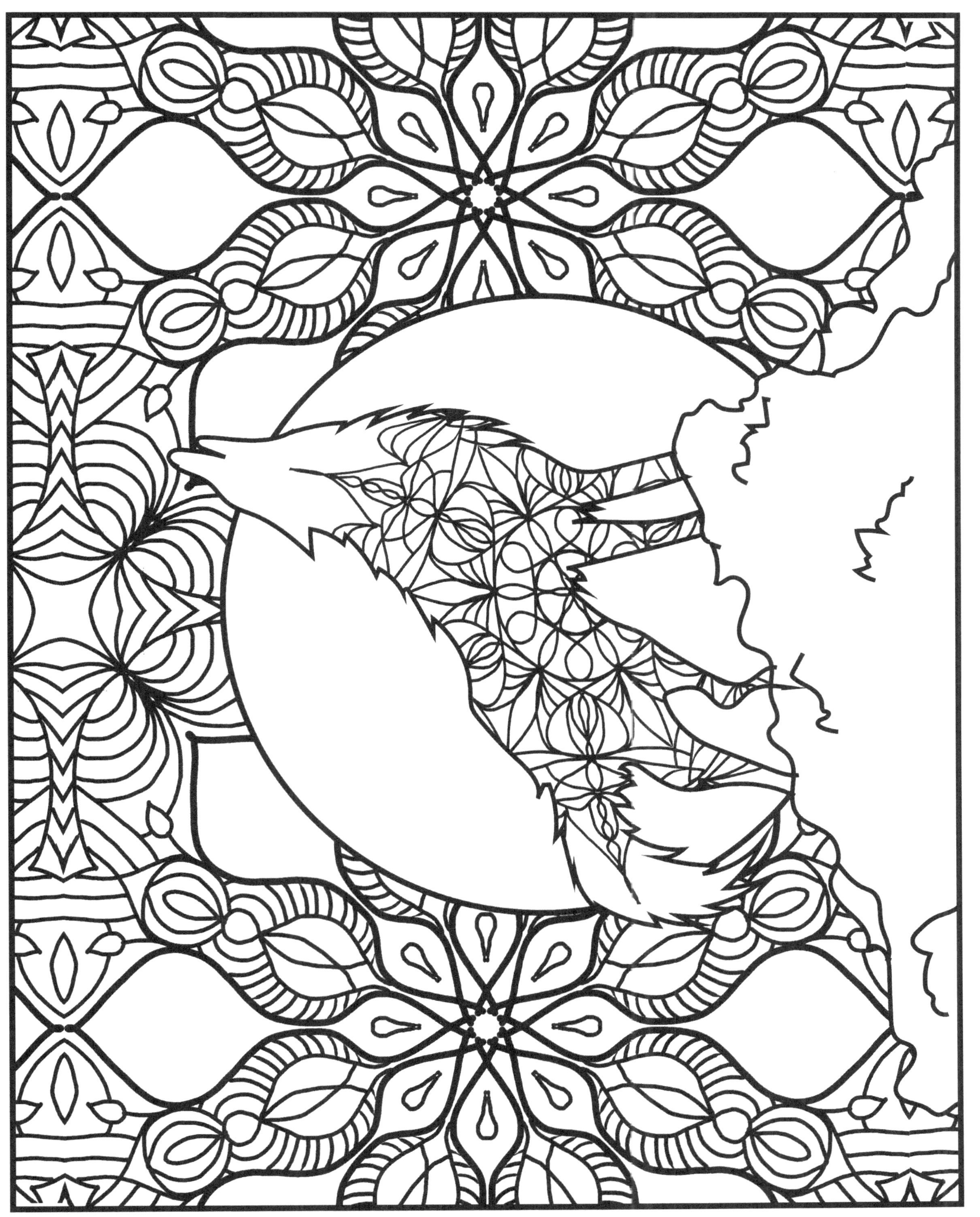

8. TÜRKEI

Im Morgenland nördlich der Arabischen Halbinsel liegt das Land, welches auf die weltweit einzige Stadt blicken darf, die sich über zwei Kontinente erstreckt. Istanbul diente den Osmanen, Rom und der Byzanz als Hauptstadt und ist heute kultureller Nationalstolz. Als Urlauber-Hotspot hingegen präsentiert sich die Türkische Riviera.

8.1 Kappadokien

Inmitten der Zentraltürkei liegt ein wahrhaft magisches Fleckchen Erde: Kappadokien. Die seltsam anmutenden Gesteinsformationen im Tal der Mönche sowie im UNESCO-Welterbe Nationalpark Göreme sind Erdpyramiden - liebevoll „Feenkamine" genannt. Wie ließe es sich besser die faszinierende Landschaft erkunden als bei einer Fahrt mit dem Heißluftballon?

8.2 Kangal-Schäferhund

Treu, intelligent und ausgesprochen wachsam ist der türkische Hütehund mit dem großen Drang zur Bewegung. Es wird angenommen, dass er von nomadischen Hirtenhunden abstammt. Sein Fell ist sehr dicht und kurz sowie am Kopf mit einem schwarzen Abzeichen versehen. Da in der zentralanatolischen Stadt Kangal eine Vielzahl dieses Schäferhundes existierte, wurde er nach ihr benannt.

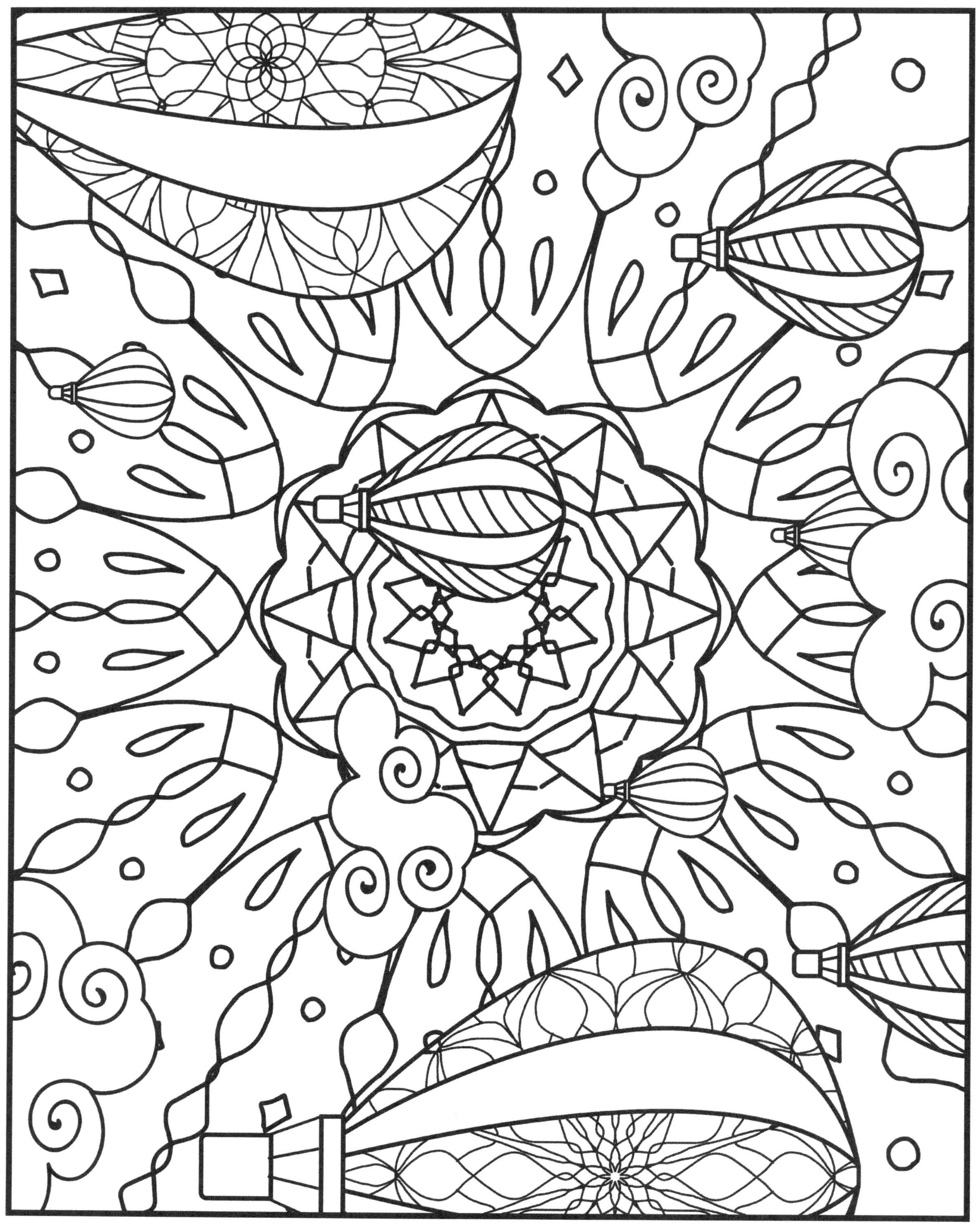

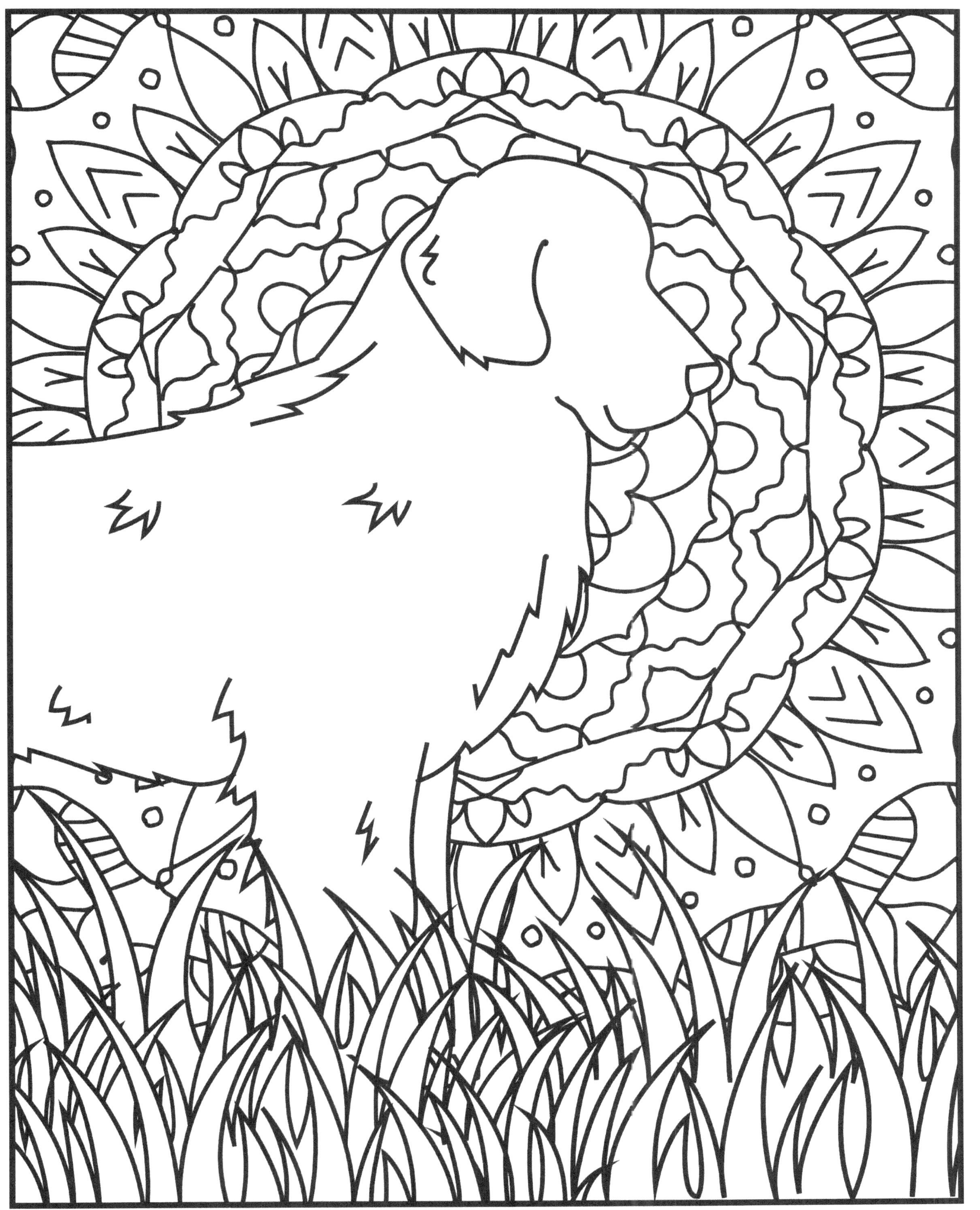

9. MALAYSIA

Ein Land, zwei Hälfen - getrennt durch das Südchinesische Meer. Das tropische Land ist häufig vom Monsunregen gebeutelt. Ist er verzogen, treten Naturschönheiten wie der Nationalpark Gunung Gading zutage. In ihm wächst die Rafflesie - mit einem Durchmesser bis zu einem Meter die größte Blume der Welt.

9.1 Petronas-Zwillingstürme

Die durch die weltweit erste Bautenverbindungs-Skybridge miteinander verbundenen Petronas Towers sind das Wahrzeichen der malaiischen Hauptstadt Kuala Lumpur. Ihren Namen haben sie vom Mineralölkonzern Petronas adaptiert. Sie sind sagenhafte 452 m hoch und waren bis 2004 der höchste Wolkenkratzer der Welt. In ihnen wurden 36.910 Tonnen Stahl verbaut.

9.2 Sumatra Rhinozeros

Als Miniatur-Ausgabe ist das Sumatra-Rhinozeros das kleinste von fünf lebenden Nashorn-Arten. Es gilt als weitgehend ausgestorben und kam einst in großen Teilen Südostasiens vor. Seine Population erstreckte sich über den Berg- und Regenwald sowie über das Tief- und Hochland. Mit Vorliebe suhlt es sich in schlammigen Tümpeln.

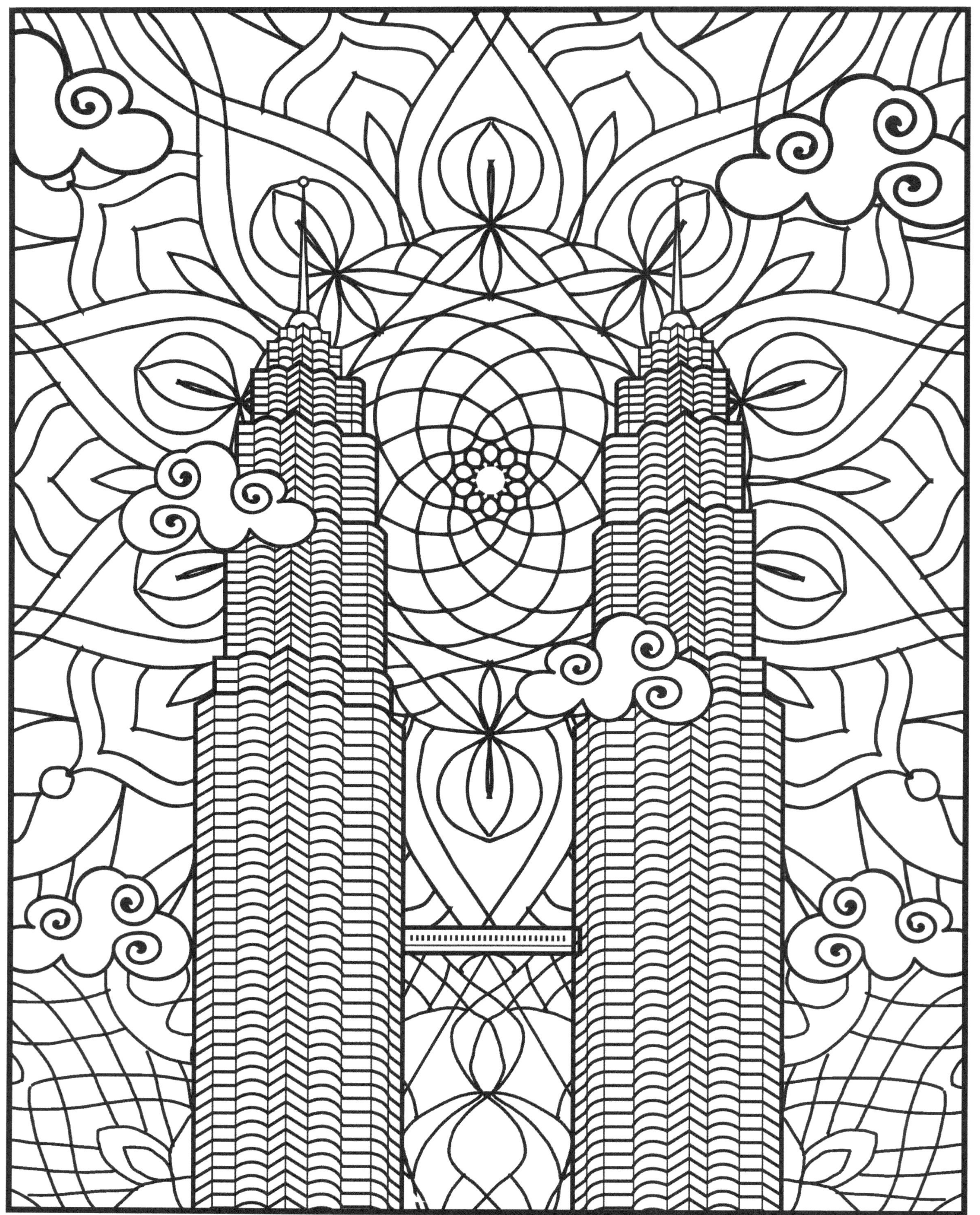

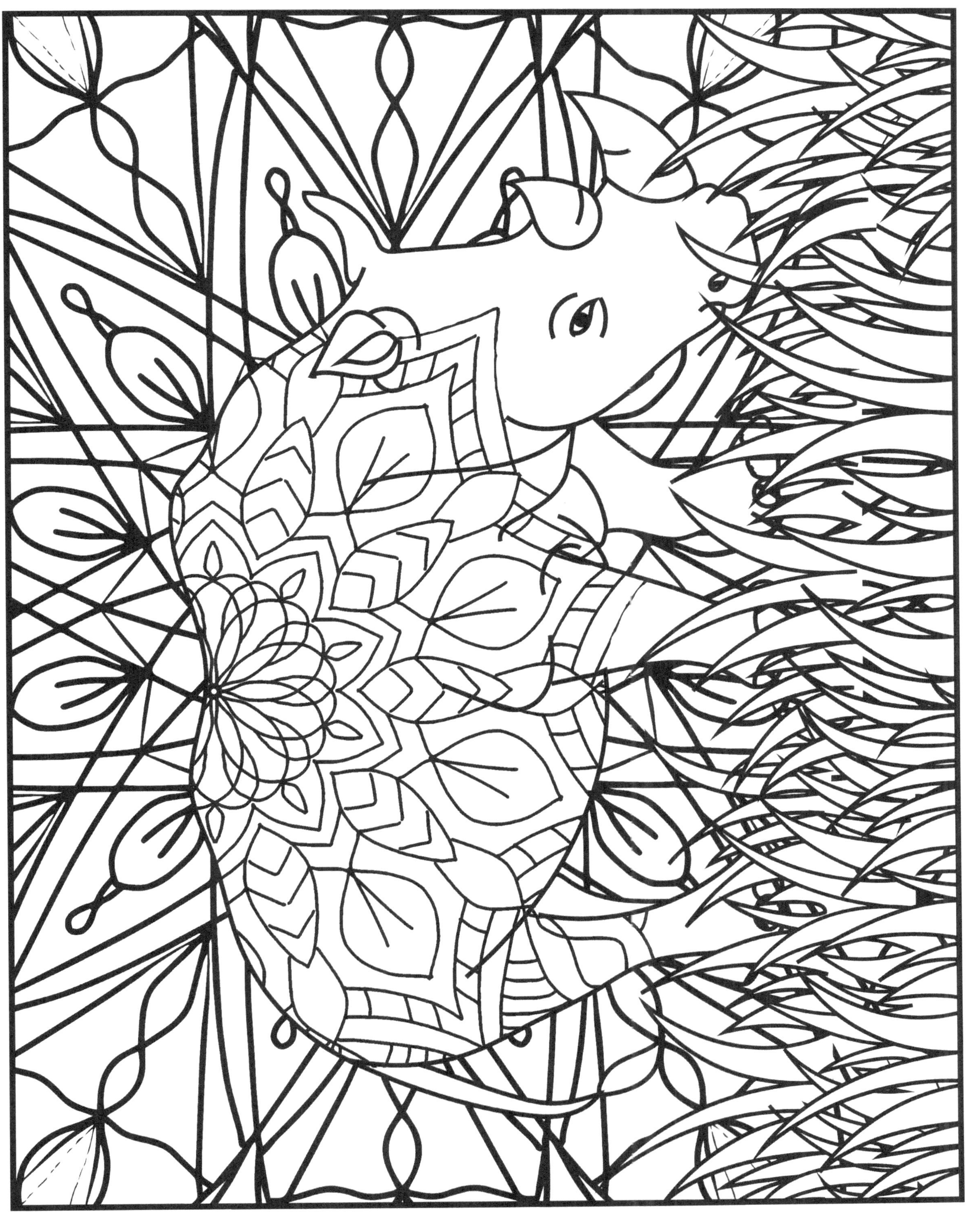

10. ÖSTERREICH

Neun Bundesländer hat das deutsche Nachbarland, dessen höchster Gebirgszug die Hohen Tauern mit dem Großglockner sind. Die landschaftliche Vielfalt ist ebenso in den vielen Seen, Wander- und Skiregionen rund um die Ötztaler und Stubaier Alpen zu verzeichnen. Als Transitland verbindet Österreich die Routen der Anrainer - z. B. durch die Brenner-Autobahn.

10.1 Wiener Hofburg

Der imposante Bau ist im Stil des Barocks errichtet und war bis 1918 mehr als 600 Jahre lang Residenz der Habsburger Dynastie. In ihm befinden sich ein großer Teil der Nationalbibliothek Österreichs, das Bundesdenkmalamt und mehrere Museen. Hier hat der österreichische Bundespräsident seinen Amtssitz.

10.2 Rothirsch

Sein besonders üppiges Geweih verrät den Rothirsch auf den ersten Blick. Es ist unter Jägern eine beliebte Trophäe und wird nur von der männlichen Population herausgebildet. Der in Rudeln lebende Rothirsch ist in Eurasien beheimatet, lebt vorzugsweise in dichten Wäldern und futtert Pflanzen, Baumrinde sowie Früchte wie Eicheln und Kastanien.

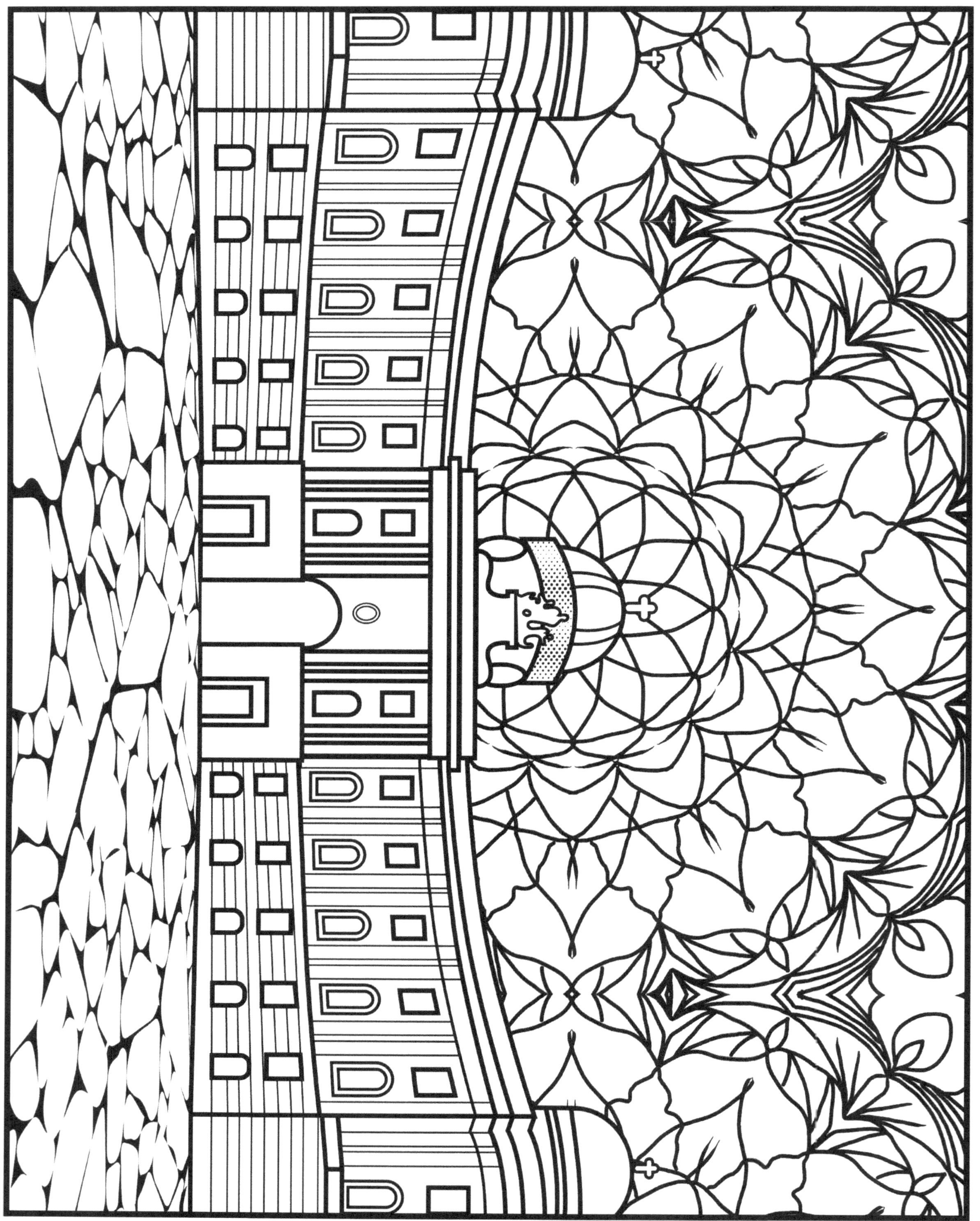

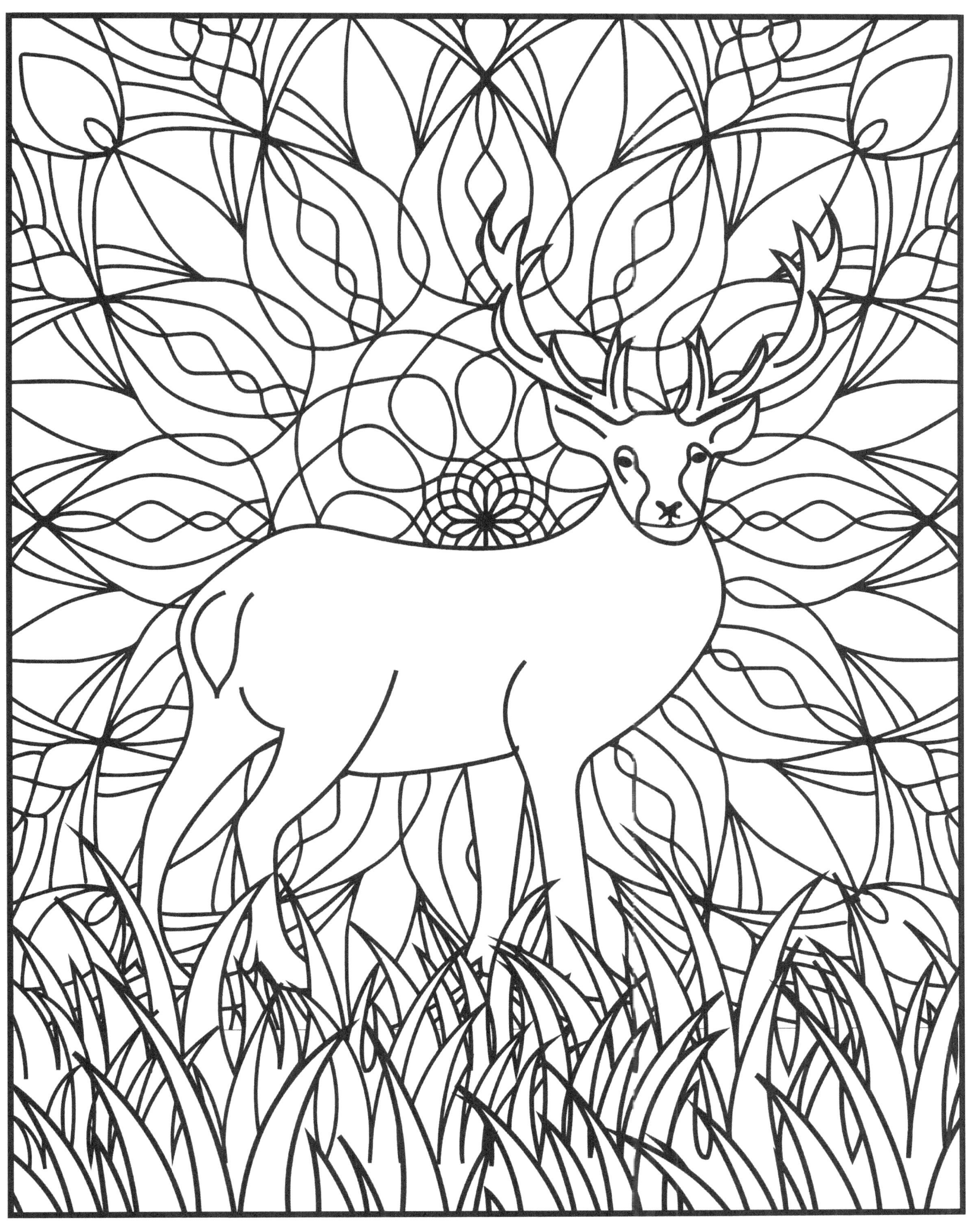

11. HONGKONG

Das chinesische Hongkong ist eine Sonderverwaltungszone und war einstige Kolonie Großbritanniens. Die lebhafte Metropole mit ihrer unvergleichlichen Wolkenkratzer-Skyline und dem Container-Umschlag-Hafen ist Finanzzentrum und erlebt seit Jahren einen regelrechten Boom. Das Wahrzeichen der Stadt ist der Bank of China Tower. Besonders faszinierend wirkt der Trubel auf dem Nachtmarkt der Temple Street.

11.1 Tian Tan Buddha Statue

Inmitten Hongkongs, auf Lantau Island, thront die große Buddha-Statue Tian Tan aus Bronze mit Blick Richtung Peking. Sie wurde 1993 fertiggestellt, galt bis 2007 weltweit als das größte sitzende Standbild Buddhas und wird von acht kleineren Statuen umrahmt. Seinen Namen hat das Standbild vom Himmelsaltar im Pekinger Tempel Tian Tan.

11.2 Riesenpanda

Das zur Bärenfamilie zählende Säugetier mit den niedlichen Knopfaugen ernährt sich von Bambus und stand lange Zeit auf der Liste geschützter Arten. Er lebt als Einzelgänger auf bis zu 3.800 m Höhe in den mengenmäßig überschaubaren Bergwäldern der chinesischen Provinzen Sichuan, Gansu und Shaanxi.

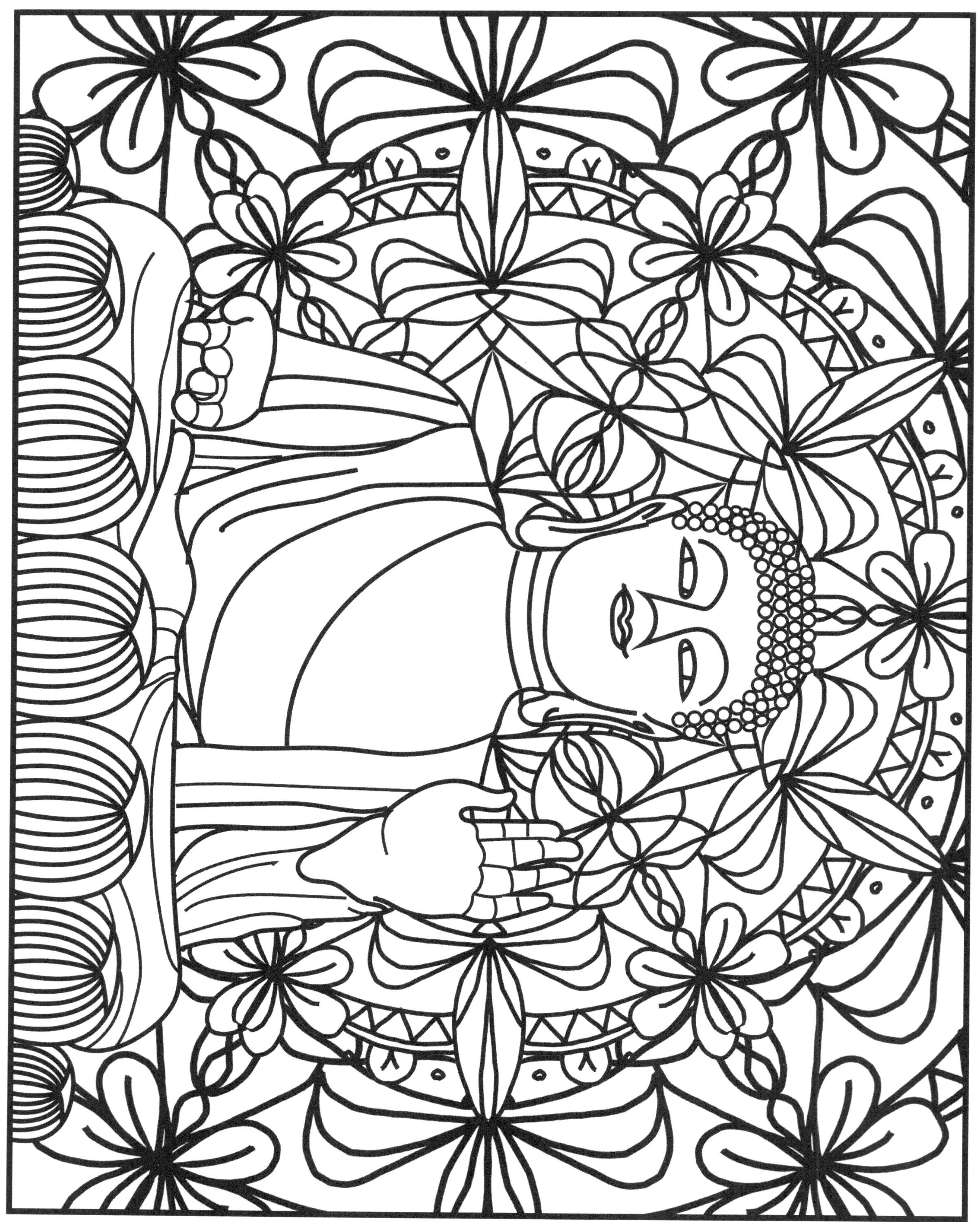

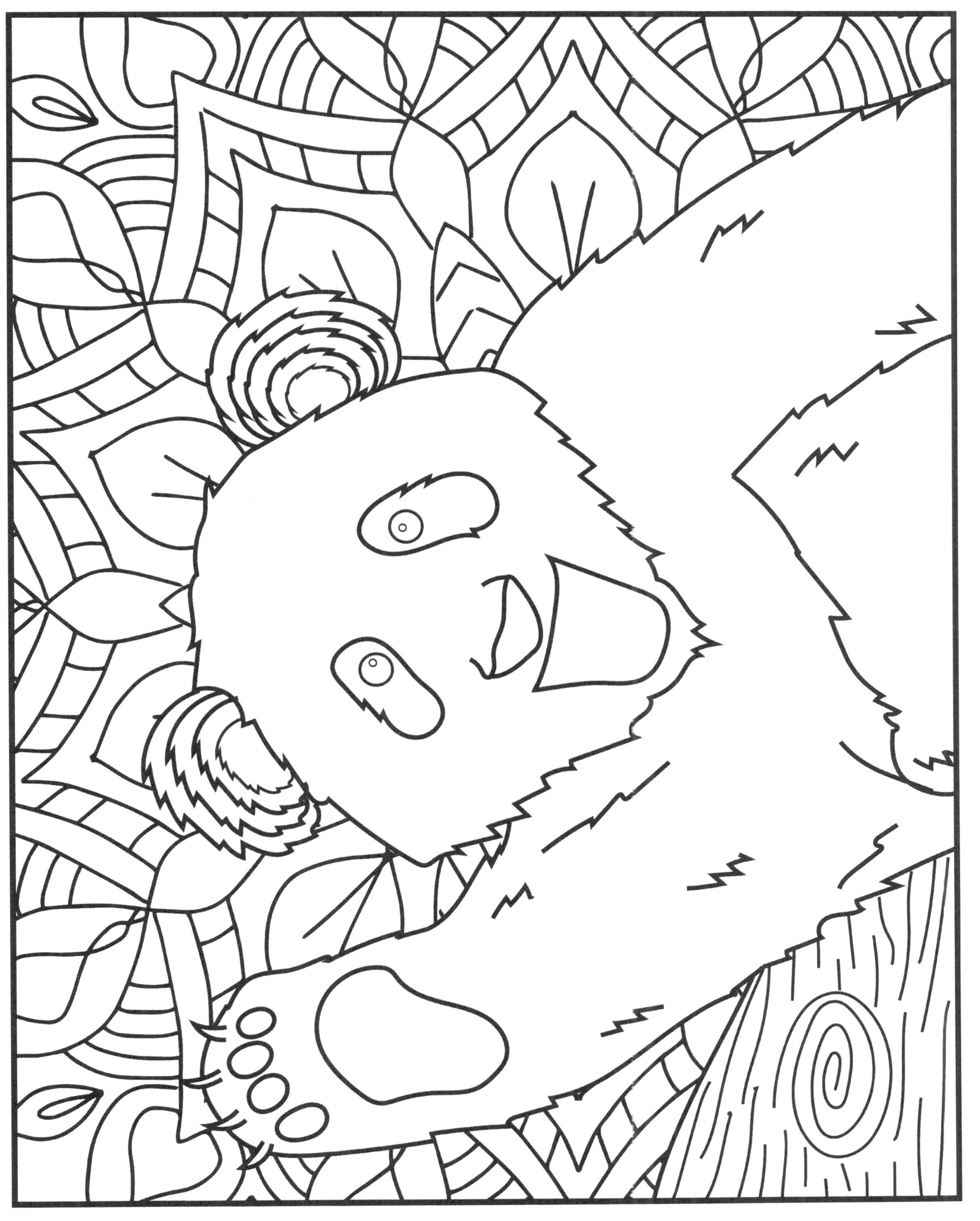

12. UKRAINE

Angrenzend an das Schwarze Meer mit der Krim-Halbinsel und das Asowsche Meer ist die Ukraine ein osteuropäisches Land, welches nach dem Zerfall der Sowjetunion im Jahr 1991 seine Unabhängigkeit erlangte. Die sozialen Unterschiede sind in dem hauptsächlich vom Arbeiter-Sektor geprägten Land noch immer außerordentlich groß.

12.1 L'viv

Sowohl die österreichisch-ungarische Geschichte, als auch die Polens sind in der westukrainischen Stadt architektonisch omnipräsent. Burgruinen aus dem 14. Jahrhundert bieten ein weites Panorama über die Stadt, die von den grünen Kuppeln zahlreicher Kirchen geprägt ist. Das auch als Lemberg bekannte L'viv wird gern als „Wien des Ostens" bezeichnet.

12.2 Nachtigall

Zur Gattung der Sperlingsvögel gehört die melodisch singende Nachtigall, die große Komponisten inspirierte und der man ihr gewaltiges Stimmorgan auf den ersten Blick nicht ansieht. Mit ihrem kastanienbraunen Gefieder gilt sie als „Königin der Nacht", ernährt sich aus Würmern und Insekten und ist in der krautigen Vegetation der Wälder heimisch.

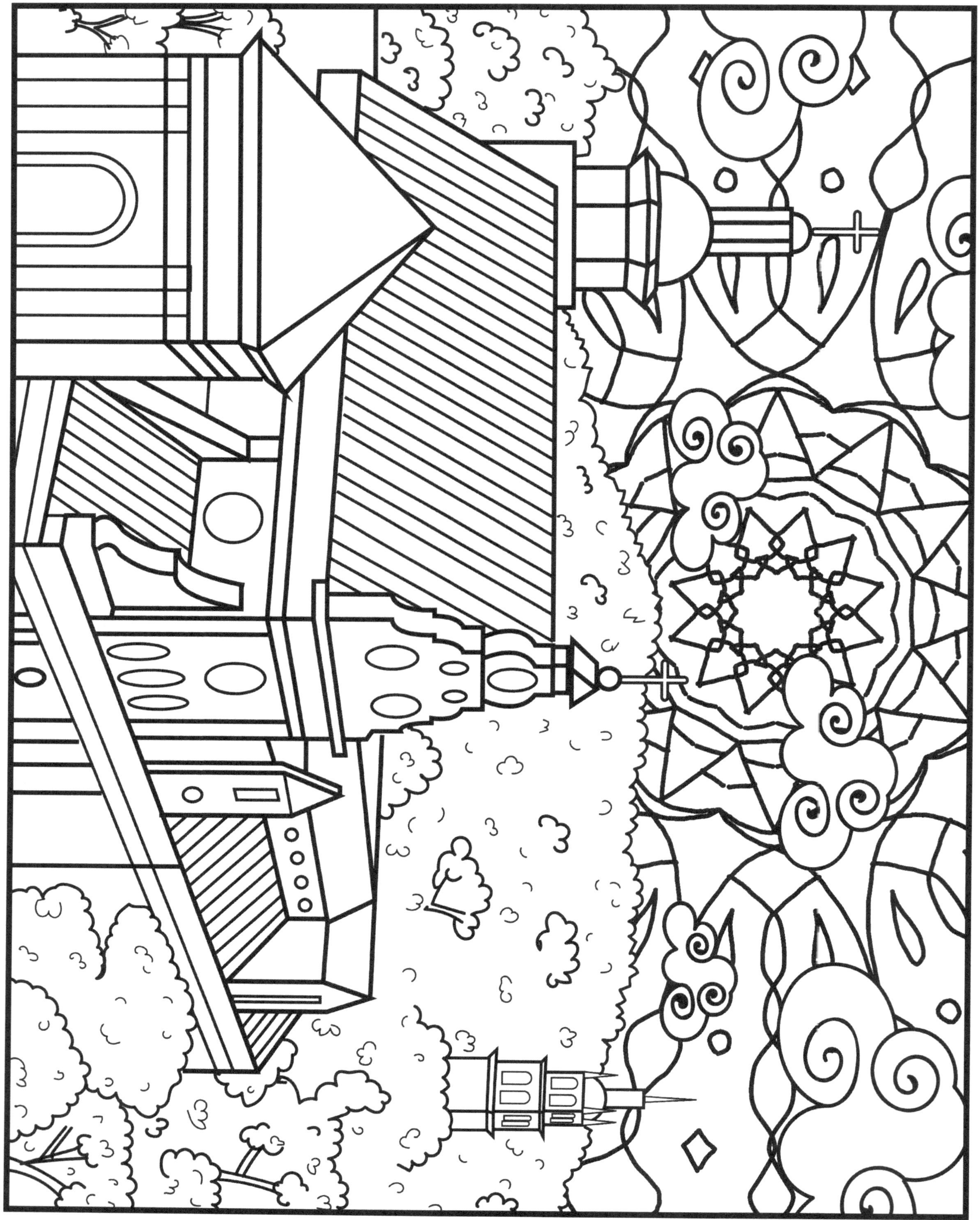

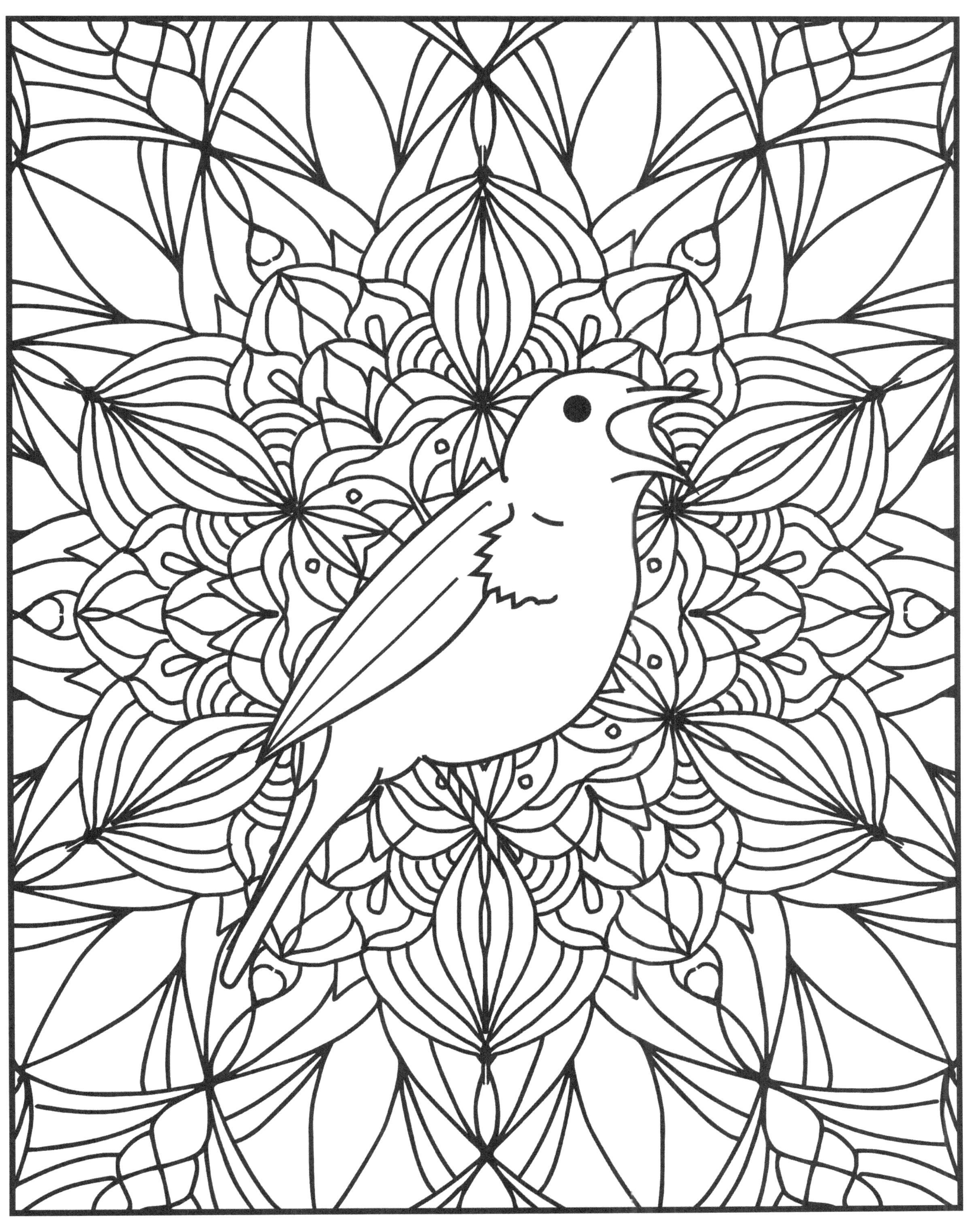

52